Las CBDC:
La Revolución Digital Monetaria y El Despertar de los Bancos Centrales.

"A quien pertenecerá tu dinero y finanzas"

JP RIVERA

DEDICADO

Con gran cariño y gratitud, este libro está dedicado a todos aquellos seres extraordinarios que han tejido las fibras de mi inspiración con sus sabias palabras, valiosos consejos y oraciones que resuenan en mi alma. A todos los arquitectos de sueños, quienes han impulsado mi búsqueda incansable de respuestas, han avivado mi curiosidad sin límites, y me han motivado a encontrar respuestas donde otros solo han visto problemas.

Espero que este libro pueda ser ese faro que ilumine el camino de quienes quieren aprender y conocer nuevos horizontes y desafíos que vendrán con la nueva forma de ver el dinero.

Índice

Las CBDC:
La Revolución Digital Monetaria y El Despertar de los Bancos Centrales

AGRADECIMIENTOS

Nada puede ser realizado con éxito sin expresar gratitud, todos quienes con sus grandes aportes y conocimientos han inspirado cada palabra escrita en estas páginas, tienen en mi corazón la mayor de las gratitudes.

Mi más sincera gratitud para aquellos quienes han desarrollado una exhaustiva investigación dando vida ha este libro, espero que cada palabra resuene en la mente de los lectores, y los lleven a crear una visión, opinión y ayudar a construir un mundo que cambia día a día.

Prologo

Desde tiempos inmemoriales, el dinero ha sido el motor que impulsa la maquinaria de la sociedad humana. Ha cambiado de forma, ha cruzado fronteras y ha reflejado el poder y los valores de las civilizaciones a lo largo de la historia. Sin embargo, en la encrucijada actual, asistimos a una transformación que desafía las nociones tradicionales del dinero tal como lo conocemos: Hoy vemos ese gran cambio con el nacimiento de las Monedas Digitales de Bancos Centrales (CBDC).

En este libro, nos sumergimos en una exploración fascinante y crítica de cómo las CBDC están trastocando los cimientos del sistema financiero global. A medida que el mundo se acerca a una era digital, las CBDC han emergido como la intersección entre la innovación tecnológica y la redefinición monetaria. Estamos al borde de una nueva revolución que reconfigurará la forma en que concebimos, adquirimos y utilizamos el dinero.

Este libro busca mostrar los matices de esta transformación. ¿Cómo funcionan realmente las CBDC? ¿Qué oportunidades y desafíos plantean para la política económica y la privacidad financiera? ¿Cuál es el impacto en la inclusión financiera y en la manera en que las personas administran sus finanzas? Y por último la gran pregunta ¿Quién tendrá el control de nuestro dinero y quien dará las pautas de cómo debemos gastarlo? En un tono de análisis y curiosidad, exploramos estas preguntas y más, desentrañando las capas de la revolución monetaria en la que estamos inmersos.

Ahondaremos la perspectiva de los ciudadanos que usan estas nuevas formas de dinero hasta el enfoque de los bancos centrales y las instituciones financieras, este libro examina las múltiples facetas de esta evolución. Los lectores descubrirán cómo las CBDC están dando forma a las estrategias económicas de los gobiernos, las posibilidades de control monetario y cómo podrían afectar nuestra vida cotidiana. Nos sumergiremos en los debates sobre privacidad, seguridad, y las implicaciones de una economía cada vez más digitalizada.

¿Cuánto valdrá un dinero sin confianza? ¿dejara de existir el papel moneda? Prepárense para sumergirse en una exploración enriquecedora y reveladora de cómo el dinero, en su forma más esencial, está siendo redefinido y reimaginado. Bienvenido a "Las CBDC, La Revolución Digital Monetaria y El Despertar de los Bancos Centrales", donde la investigación y la reflexión se combinan para desentrañar los secretos de una nueva era monetaria que está tomando forma ante nuestros ojos.

La Evolución del Dinero: Desde el trueque hasta el dinero Fiduciario.

La historia del dinero es un fascinante recorrido a través del tiempo, desde los primitivos sistemas de trueque hasta la sofisticada era del dinero fiduciario respaldado por gobiernos. En este capítulo, exploraremos la evolución del dinero de manera histórica, identificando los desafíos que enfrentaron las diferentes formas de intercambio y cómo la humanidad ha ido desarrollando soluciones para facilitar las transacciones comerciales y económicas.

El Trueque y las Limitaciones del Intercambio Directo:

El trueque fue la forma más primitiva de comercio, donde las personas intercambiaban bienes y servicios directamente, sin utilizar un medio de cambio común. Aunque este sistema permitía el intercambio de bienes, tenía limitaciones significativas, como la coincidencia de necesidades y el problema de divisibilidad. Por ejemplo, si un agricultor quería adquirir un animal, tenía que encontrar a alguien que quisiera sus productos agrícolas y tuviera un animal para intercambiar.

La Invención de la Moneda: Superando las Limitaciones del Trueque:

Para superar las limitaciones del trueque, surgieron las primeras formas de moneda. En civilizaciones antiguas como Mesopotamia y Egipto, se utilizaban objetos valiosos como conchas, metales y piedras preciosas para facilitar el comercio. Estos objetos tenían valor intrínseco y eran aceptados por la comunidad como medio de intercambio. Sin embargo, la naturaleza física de estos objetos planteaba problemas de transporte y almacenamiento.

De la Moneda Metálica a la Acuñación:

El desarrollo de la acuñación de monedas metálicas en la antigua Grecia y Roma fue un hito crucial en la evolución del dinero. Con la acuñación, se estandarizó el peso y la pureza de las monedas, lo que facilitó su aceptación generalizada y su uso como medio de cambio. Esta uniformidad contribuyó al crecimiento del comercio y las economías, impulsando la expansión de imperios y la consolidación del poder.

De los Metales Preciosos al Papel Moneda:

A medida que las civilizaciones crecían, el uso de metales preciosos como oro y plata para acuñar monedas se volvió insostenible. Esto condujo a la emisión de certificados de depósito respaldados por metales preciosos por parte de comerciantes y bancos. Estos certificados, conocidos como billetes, facilitaron el comercio y dieron origen al papel moneda.

La Era del Dinero Fiduciario y los Bancos Centrales:

Con el tiempo, los billetes respaldados por metales preciosos evolucionaron hacia el dinero fiduciario, donde el valor se basaba en la confianza en la autoridad emisora, como los gobiernos y los bancos centrales. En el siglo XX, la mayoría de los países abandonaron el patrón oro y adoptaron sistemas de dinero fiduciario, permitiendo una mayor flexibilidad para la gestión de políticas económicas y monetarias.

El Abandono del Patrón Oro y el Surgimiento del Dinero Fiduciario:

El patrón oro fue un sistema monetario en el que el valor de la moneda estaba vinculado al oro. Cada unidad monetaria tenía un valor equivalente en oro, y los países mantenían reservas de oro como respaldo para emitir su moneda. Este sistema había prevalecido durante muchos siglos y se consideraba una forma estable y confiable de mantener la integridad del valor del dinero.

Sin embargo, el patrón oro también tenía sus desventajas. Durante las crisis económicas, cuando la demanda de dinero aumentaba y las reservas de oro eran insuficientes para respaldar la emisión de moneda, los gobiernos se veían limitados para implementar políticas de estímulo y reactivación económica. Además, la rigidez del sistema del patrón oro dificultaba la expansión del crédito y el crecimiento económico en momentos de necesidad.

El cambio decisivo ocurrió durante y después de la Primera Guerra Mundial. Para financiar el esfuerzo bélico, muchos países abandonaron temporalmente el patrón oro y emitieron grandes cantidades de dinero sin suficiente respaldo en oro. Esto condujo a la inflación y a una pérdida de confianza en la moneda respaldada por el oro. Después de la guerra, varios países intentaron volver al patrón oro, pero las dificultades económicas continuaron y los efectos de la Gran Depresión de 1929 profundizaron las crisis monetarias.

El Evento Clave: Acuerdos de Bretton Woods:

En 1944, los líderes de los países aliados se reunieron en Bretton Woods, New Hampshire, para establecer un nuevo sistema monetario internacional. Los Acuerdos de Bretton Woods establecieron el patrón de cambio de oro-dólar, donde el dólar estadounidense se convertiría en la única moneda respaldada por el oro. Los demás países vincularían sus monedas al dólar y mantendrían reservas en dólares y oro.

El sistema de Bretton Woods funcionó relativamente bien durante algunas décadas, pero enfrentó desafíos significativos, incluyendo el crecimiento del déficit comercial de Estados Unidos y el aumento de la cantidad de dólares en circulación, lo que llevó a un desequilibrio entre la cantidad de dólares y las reservas de oro.

El Fin del Patrón Oro y la Era del Dinero Fiduciario:

En 1971, el presidente de Estados Unidos, Richard Nixon, tomó la decisión histórica de suspender la convertibilidad del dólar en oro, conocida como el "abandono de Bretton Woods". Esto marcó el fin del patrón oro y el inicio de la era del dinero fiduciario.

El dinero fiduciario es aquel que no tiene un respaldo

físico como el oro o la plata, sino que su valor se basa en la confianza y la fe en la autoridad emisora, como los gobiernos y los bancos centrales. La mayoría de las monedas modernas, incluido el dólar estadounidense, el euro, el yen japonés, entre otros, son ejemplos de dinero fiduciario.

Implicaciones para las Personas del Común:

El cambio hacia el dinero fiduciario trajo varias implicaciones para las personas comunes:

Flexibilidad Monetaria: Los gobiernos adquirieron mayor capacidad para implementar políticas económicas y monetarias, como ajustar las tasas de interés y controlar la cantidad de dinero en circulación. Esto permitió respuestas más ágiles a las crisis económicas, pero también planteó desafíos en la gestión de la inflación y la estabilidad financiera.

La expansión del dinero fiduciario a veces condujo a la inflación, lo que redujo el poder adquisitivo del dinero con el tiempo. Las personas enfrentaron aumentos de precios y la pérdida de valor de sus ahorros a lo largo del tiempo.

La adopción del dinero fiduciario también facilitó la expansión del crédito, lo que permitió a las personas acceder a préstamos y financiamiento para invertir en bienes y servicios. Sin embargo, también llevó a niveles más altos de endeudamiento, lo que puede tener implicaciones negativas para la estabilidad financiera personal.

El dinero fiduciario es más vulnerable a las crisis económicas y a los eventos de pánico financiero, lo que puede generar inestabilidad en los mercados y afectar la confianza de las personas en el sistema financiero.

El Papel del Sistema Financiero en la Creación de Dinero:

En el sistema financiero moderno, los bancos comerciales tienen un papel crucial en la creación de dinero a través del sistema de reservas fraccionarias. Al prestar más dinero del que tienen en reservas, los bancos generan nueva liquidez en la economía. Este proceso ha sido objeto de debate y críticas debido a su potencial para generar inflación y desequilibrios financieros.

A continuación, hare un análisis sobre cómo este proceso puede afectar a las personas en sus actividades financieras cotidianas:

Inflación y Poder Adquisitivo:

El proceso de reservas fraccionarias permite a los bancos comerciales prestar más dinero del que realmente tienen en reservas. Si bien esto puede estimular la economía y fomentar el crecimiento, también puede conducir a la inflación. Cuando hay un aumento en la cantidad de dinero en circulación sin un aumento equivalente en la producción de bienes y servicios, se produce un desequilibrio entre la oferta y la demanda, lo que puede llevar a un aumento generalizado en los precios. Como resultado, el poder adquisitivo de las personas disminuye, ya que sus ingresos pueden no ser suficientes para hacer frente a los mayores costos de bienes y servicios.

Tasas de Interés y Costo del Crédito:

La creación de nueva liquidez por parte de los bancos comerciales también influye en las tasas de interés. Cuando hay una mayor disponibilidad de dinero para prestar, las tasas de interés tienden a disminuir, lo que puede ser beneficioso para quienes desean obtener créditos, como préstamos para vivienda o préstamos personales. Sin embargo, tasas de interés más bajas también pueden desalentar el ahorro, ya que las cuentas de ahorro y depósitos a plazo ofrecen rendimientos menores. Esto puede afectar las finanzas personales de aquellos que dependen de los ingresos de intereses para sus ahorros.

Riesgo de Desbalance y Crisis Financieras:

El sistema de reservas fraccionarias puede llevar a un desbalance en la economía, ya que los bancos están creando dinero basado en un porcentaje de sus reservas. En caso de una corrida bancaria o una crisis de confianza en el sistema financiero, los bancos podrían enfrentar dificultades para cumplir con las demandas de retiro de los depositantes. Esta situación podría desencadenar una crisis financiera y afectar la estabilidad del sistema bancario, lo que a su vez tendría impactos negativos en las finanzas personales de los ciudadanos que mantienen su dinero en cuentas bancarias.

Diferencias Sociales y Desigualdades:

La creación de nueva liquidez por parte de los bancos puede no distribuirse de manera uniforme en la economía. Esto puede llevar a un aumento de la desigualdad económica, ya que aquellos que tienen acceso más fácil al crédito pueden beneficiarse más, mientras que quienes tienen menos acceso pueden enfrentar mayores dificultades financieras. Esto puede exacerbar las diferencias sociales y afectar el poder adquisitivo de aquellos en situaciones económicas más vulnerables.

En resumen, el sistema de reservas fraccionarias utilizado por los bancos comerciales para crear nueva liquidez tiene el potencial de influir en la inflación, las tasas de interés, la estabilidad financiera y la desigualdad económica. Si bien puede estimular la economía y facilitar el acceso al crédito, también puede plantear riesgos y desafíos que afecten el poder adquisitivo y las finanzas personales de los ciudadanos. Es importante que los responsables de la política económica y financiera sean conscientes de estos efectos y busquen un equilibrio adecuado para garantizar la estabilidad y el bienestar económico de la sociedad en su conjunto.

El Nacimiento de las Monedas Digitales de Bancos Centrales (CBDC)

El surgimiento de las Monedas Digitales de Bancos Centrales (CBDC) es uno de los desarrollos más significativos en el sistema financiero moderno. En este capítulo, exploraremos detalladamente este nuevo fenómeno. Analizaremos los posibles beneficios y riesgos asociados con la implementación de las CBDC, así como su impacto potencial en la economía global y la vida de las personas.

¿Qué son la CBDC y quienes las generan?

Las CBDC son monedas digitales emitidas por los bancos centrales. Son una forma de dinero fiduciario, lo que significa que su valor está respaldado por el gobierno del país emisor.

Innovación Financiera y Eficiencia:

Las CBDC representan una innovación financiera que podría revolucionar el sistema de pagos y transacciones. Al ser una forma digital de dinero emitida y respaldada por bancos centrales, las CBDC podrían proporcionar mayor eficiencia en las transferencias y reducir los costos asociados con los pagos internacionales. Esto facilitaría el comercio y fomentaría la inclusión financiera al permitir a las personas de todas las capas sociales acceder a servicios financieros seguros y rápidos.

Control Monetario y Lucha contra el Crimen Financiero:

Otra ventaja destacada es que las CBDC permitirían a los bancos centrales tener un mayor control sobre la política monetaria. Al tener una visibilidad completa de todas las transacciones, podrían implementar políticas más precisas para estabilizar la economía y enfrentar crisis financieras. Además, las CBDC podrían reducir la evasión fiscal y la actividad ilegal, como el lavado de dinero y el financiamiento del terrorismo, al facilitar una mayor trazabilidad de las operaciones financieras.

Inclusión Financiera y Reducción de Costos:

Las CBDC podrían mejorar significativamente la inclusión financiera, especialmente en regiones con un acceso limitado a servicios bancarios tradicionales.

Las personas no bancarizadas o con acceso limitado a servicios financieros podrían utilizar las CBDC a través de dispositivos móviles y, así, tener la posibilidad de realizar transacciones y pagos de manera más sencilla. Esto ayudaría a reducir las brechas económicas y mejorar la igualdad de oportunidades.

Riesgo de Fuga de Depósitos y Desintermediación Bancaria:

Con la adopción masiva de las CBDC se podría generar una fuga de depósitos en los bancos comerciales. Si las personas prefieren mantener su dinero directamente en una cuenta de CBDC, esto podría desencadenar una desintermediación bancaria y debilitar el modelo tradicional de intermediación financiera. Esto podría reducir los préstamos bancarios y, a su vez, afectar el crecimiento económico.

Privacidad y Vigilancia Financiera:

El uso generalizado de CBDC también plantea preocupaciones sobre la privacidad y la vigilancia financiera. Al estar respaldadas por bancos centrales y permitir un seguimiento detallado de todas las transacciones, podría haber una mayor exposición de datos financieros personales. Esto podría generar inquietudes sobre la privacidad y la posibilidad de un uso indebido de la información financiera por parte de gobiernos u otras entidades.

Vulnerabilidad a Ciberataques y Riesgos Tecnológicos:

La digitalización del dinero mediante CBDC también aumentaría la exposición a ciberataques y riesgos tecnológicos. Los hackers podrían intentar interrumpir o robar los activos digitales de las personas, lo que podría poner en riesgo la seguridad financiera de los ciudadanos. Además, la dependencia de infraestructuras tecnológicas para el funcionamiento de las CBDC podría llevar a interrupciones o fallos en el sistema que afecten negativamente la economía.

Evaluación Integral y Pruebas Piloto:

La implementación de las CBDC requeriría una evaluación integral y pruebas piloto antes de su adopción masiva. Es esencial analizar en detalle los beneficios y riesgos potenciales para asegurarse de que los aspectos positivos superen los negativos. Las pruebas piloto permitirían recopilar datos reales y medir el impacto en la economía y la sociedad antes de una implementación a gran escala.

Coexistencia con Formas de Dinero Tradicionales:

Las CBDC deberían coexistir con las formas tradicionales de dinero para garantizar una transición gradual y reducir la probabilidad de una desestabilización financiera. La adopción de las CBDC no debería eliminar por completo el efectivo o las formas de dinero electrónicas existentes, sino más bien complementarlas y ofrecer opciones a las personas. Sin embargo, con el tiempo dejaran de existir las formas tradicionales de dinero a medida que la adopción se intensifica.

Transparencia y Participación Pública:

Cualquier decisión relacionada con la implementación de las CBDC debe ser transparente y contar con la participación pública. Es crucial que los ciudadanos comprendan cómo funcionará el sistema y cuáles serán sus implicaciones para poder tomar decisiones informadas y asegurar que se atiendan sus preocupaciones.

Conclusión:

La llegada de las Monedas Digitales de Bancos Centrales

es un paso significativo en la evolución del dinero y el sistema financiero. Como con cualquier cambio disruptivo, hay perspectivas optimistas y pesimistas. Una evaluación analítica y el enfoque prudente en la implementación serán fundamentales para aprovechar los beneficios de las CBDC, minimizar riesgos y garantizar que esta nueva forma de dinero beneficie a la sociedad en su conjunto.

La Importancia de la Moneda Digital en la Economía Actual.

La moneda digital está adquiriendo cada vez más importancia en la economía actual, según los expertos.

El Fondo Monetario Internacional (FMI) ha declarado que la moneda digital tiene el potencial de revolucionar el sistema financiero y hacerlo más eficiente, inclusivo y resistente.

A continuación, se presentan algunos de los principales beneficios de la moneda digital, según los expertos:

Pagos más rápidos y económicos: La moneda digital se puede utilizar para realizar pagos de manera rápida y económica, tanto a nivel nacional como internacional. Esto podría reducir el costo de hacer negocios y facilitar el acceso de las personas a servicios financieros.

Mayor inclusión financiera: La moneda digital podría ayudar a incorporar a más personas en el sistema financiero, incluyendo a aquellos que actualmente no tienen acceso a servicios bancarios o tienen acceso limitado. Esto podría llevar a un mayor crecimiento económico y oportunidades.

Política monetaria más eficiente: La moneda digital podría otorgar a los bancos centrales un mayor control sobre la oferta de dinero y permitirles implementar políticas monetarias de manera más efectiva. Esto podría contribuir a estabilizar la economía y reducir la inflación.

Menor riesgo de fraude: La moneda digital es más segura que la moneda fiduciaria tradicional y es menos susceptible al fraude. Esto podría ayudar a proteger a las empresas y a los consumidores de pérdidas financieras.

El FMI ha respaldado el desarrollo de la moneda digital. En 2021, el FMI publicó un informe titulado "Monedas Digitales del Banco Central: Una Perspectiva de Política" que describía los posibles beneficios y riesgos de las CBDC. El informe concluyó que las CBDC tienen el potencial de "mejorar la eficiencia, la inclusión y la seguridad de los sistemas de pago".

El FMI también ha estado colaborando con los bancos centrales de todo el mundo para ayudarles a desarrollar e implementar las CBDC. En 2022, el FMI lanzó una nueva iniciativa llamada Foro de Política de Moneda Digital del Banco Central (CBDC-PF) para ayudar a los bancos centrales a compartir conocimientos y mejores prácticas sobre las CBDC.

En general, la moneda digital tiene el potencial de impactar significativamente en la economía mundial. Es importante que los gobiernos y los bancos centrales consideren cuidadosamente los posibles beneficios y riesgos de la moneda digital antes de tomar decisiones sobre su implementación.

Aquí tienes algunos ejemplos específicos de cómo se está utilizando la moneda digital para mejorar la economía en la actualidad:

Los bancos centrales de muchos países están explorando el uso de las CBDC para mejorar la inclusión financiera. Por ejemplo, el Banco Central de China está pilotando un programa de CBDC diseñado para llegar a comunidades rurales y desatendidas.

La moneda digital se utiliza para hacer pagos transfronterizos más rápidos y económicos. Por ejemplo, la red RippleNet utiliza la moneda digital para permitir que los bancos liquiden pagos entre sí en cuestión de segundos.

La moneda digital se utiliza para desarrollar nuevos productos y servicios financieros. Por ejemplo, las aplicaciones de finanzas descentralizadas (DeFi) permiten a las personas pedir prestado, prestar y comerciar activos sin necesidad de una institución financiera.

En resumen, la moneda digital es una herramienta poderosa que tiene el potencial de mejorar la economía de diversas formas. Es importante que los gobiernos y los bancos centrales trabajen juntos para desarrollar e implementar la moneda digital de manera que maximice los beneficios y minimice los riesgos.

Los Bancos Centrales y su Rol en la Era Digital.

Los bancos centrales seguirán desempeñando un papel vital en la era digital. Sus funciones fundamentales de garantizar la estabilidad de precios, la estabilidad financiera y promover un crecimiento económico sostenible permanecerán iguales. Sin embargo, la era digital presentará nuevos desafíos y oportunidades para los bancos centrales.

Aquí tienes algunos de los roles clave que los bancos centrales desempeñarán en la era digital:

Emisión y gestión de las monedas digitales del banco central (CBDCs): Los CBDCs son formas digitales del dinero del banco central que se pueden utilizar para realizar pagos y almacenar valor. Los bancos centrales están explorando el potencial de los CBDCs para mejorar la eficiencia, la inclusión y la seguridad de los sistemas de pago.

Supervisión del sistema financiero digital: Los bancos centrales deberán supervisar el sistema financiero digital para garantizar su estabilidad y seguridad. Esto incluirá la vigilancia de nuevos productos y servicios financieros, como las aplicaciones de finanzas descentralizadas (DeFi), y el desarrollo de políticas para mitigar riesgos.

Promoción de la innovación financiera: Los bancos centrales pueden desempeñar un papel en la promoción de la innovación financiera mediante el apoyo a la investigación y el desarrollo, y la creación de un "sandbox" regulador donde se puedan probar nuevos productos y servicios financieros.

Educación al público sobre las finanzas digitales: Los bancos centrales necesitarán educar al público sobre las finanzas digitales y sus beneficios y riesgos. Esto es importante para ayudar a las personas a tomar decisiones informadas sobre cómo utilizar productos y servicios financieros digitales.

Además de estos roles centrales, los bancos centrales también pueden desempeñar un papel en otras áreas de la economía digital, como:

Privacidad y protección de datos: Los bancos centrales pueden colaborar con otros responsables de políticas y reguladores para desarrollar políticas que protejan la privacidad y los datos de las personas en la era digital.

Ciberseguridad: Los bancos centrales pueden promover la ciberseguridad en el sistema financiero, lo que incluye el desarrollo de estándares y mejores prácticas para las instituciones financieras y la colaboración con las fuerzas del orden para combatir el cibercrimen.

Inclusión financiera: Los bancos centrales pueden utilizar tecnologías digitales para promover la inclusión financiera y llegar a comunidades desatendidas. Por ejemplo, los bancos centrales podrían desarrollar billeteras móviles basadas en CBDC que faciliten el acceso a servicios financieros.

Casos de estudio sobre los bancos centrales que han desarrollado e implementado las monedas digitales (CBDC).

El Banco Popular de China (PBOC) es uno de los principales bancos centrales del mundo en el desarrollo de CBDC. El PBOC ha estado pilotando un yuan digital (e-CNY) desde 2019. El e-CNY es un CBDC de dos niveles, con el PBOC emitiendo la moneda digital a los bancos comerciales, que luego la distribuyen a consumidores y empresas. El e-CNY se puede utilizar para hacer pagos a través de una aplicación de billetera móvil.

El PBOC ha ampliado gradualmente el programa piloto de e-CNY en los últimos años. En 2022, el e-CNY se utilizó para liquidar más de 100 mil millones de yuanes (15 mil millones de dólares) en transacciones. El PBOC tiene previsto lanzar el e-CNY en todo el país en 2023.

El Banco Central de Nigeria (CBN) lanzó el eNaira, la CBDC de Nigeria, en octubre de 2021. El eNaira es un CBDC minorista, lo que significa que está disponible tanto para consumidores como para empresas. El eNaira se puede utilizar para realizar pagos, transferir dinero y pagar facturas.

El CBN promociona el eNaira como una forma de

reducir el costo de las transacciones financieras y promover la inclusión financiera. El CBN también ha afirmado que el eNaira puede ayudar a reducir el fraude y la corrupción.

El Banco Central de las Bahamas (CBOB) lanzó el Sand Dollar, la primera moneda digital del banco central del mundo, en octubre de 2020. El Sand Dollar es un CBDC minorista que está disponible para todos los residentes y visitantes de las Bahamas. El Sand Dollar se puede utilizar para hacer pagos, transferir dinero y pagar facturas.

El CBOB ha declarado que el Sand Dollar está diseñado para mejorar la inclusión financiera y reducir el costo de las transacciones financieras. El CBOB también está trabajando en el desarrollo de nuevos productos y servicios financieros basados en el Sand Dollar.

Otros bancos centrales

Bancos centrales de otros países, como Suecia, el Reino Unido y Estados Unidos, también están explorando y desarrollando CBDC. Sin embargo, ninguno de estos bancos centrales ha lanzado aún un CBDC a nivel nacional.

Evolución de las CBDC

Las CBDC todavía se encuentran en sus primeras etapas de desarrollo, pero están evolucionando rápidamente. Los bancos centrales están experimentando con diferentes diseños y características para las CBDC. Uno de los desafíos clave que enfrentan los bancos centrales es cómo garantizar que las CBDC sean seguras y respeten la privacidad.

Otro desafío es asegurarse de que las CBDC sean interoperables, es decir, que se puedan utilizar para realizar pagos a personas y empresas que utilizan diferentes CBDC.

Los bancos centrales están trabajando juntos para desarrollar estándares de interoperabilidad para las CBDC.

A medida que las CBDC continúan evolucionando, tienen el potencial de revolucionar el sistema financiero mundial. Las CBDC podrían hacer que los pagos sean más rápidos, más baratos y accesibles. También podrían promover la inclusión financiera y reducir el fraude.

Conclusión

Los bancos centrales de todo el mundo están explorando y desarrollando las CBDC. Las CBDC tienen el potencial de revolucionar el sistema financiero mundial al hacer que los pagos sean más rápidos, más baratos y accesibles. Sin embargo, las CBDC todavía se encuentran en sus primeras etapas de desarrollo y los bancos centrales enfrentan varios desafíos, como garantizar que las CBDC sean seguras, respeten la privacidad y sean interoperables.

La Tecnología Subyacente Blockchain detrás de las CBDC

Las CBDC pueden implementarse utilizando una variedad de tecnologías diferentes, pero la tecnología blockchain es una de las más prometedoras. La blockchain es una tecnología de registro distribuido que permite que las transacciones se registren de manera segura e inmutable.

Existen varias ventajas en el uso de blockchain para las CBDC:

Seguridad: La blockchain es muy segura, lo que la hace ideal para almacenar y realizar transacciones con CBDC.

Transparencia: Las transacciones de blockchain son transparentes, lo que significa que todos pueden ver quién envía y recibe dinero. Esto puede ayudar a reducir el fraude y la corrupción.

Eficiencia: La blockchain puede acelerar y hacer más eficientes los pagos.

Interoperabilidad: La blockchain puede usarse para desarrollar CBDC interoperables, lo que significa que las CBDC de diferentes países pueden utilizarse para realizar pagos entre sí.

Sin embargo, también existen algunos desafíos en el uso de blockchain para las CBDC:

Escalabilidad: Las blockchains públicas pueden ser lentas y costosas de usar. Esto podría ser un problema para las CBDC, que necesitan ser capaces de manejar un gran número de transacciones por segundo.

Privacidad: Las blockchains públicas no son muy privadas. Esto podría ser una preocupación para los usuarios que no desean que sus transacciones sean visibles para todos.

Los bancos centrales están trabajando para abordar estos desafíos antes de lanzar las CBDC. Por ejemplo, algunos bancos centrales están desarrollando blockchains privadas o híbridas para sus CBDC. Las blockchains privadas solo son accesibles para usuarios autorizados, mientras que las blockchains híbridas combinan las características de las blockchains públicas y privadas.

Aquí tienes algunos ejemplos de bancos centrales que están utilizando blockchain para desarrollar CBDC:

China: El Banco Popular de China (PBOC) está utilizando blockchain para desarrollar el yuan digital (e-CNY).

Nigeria: El Banco Central de Nigeria (CBN) está utilizando blockchain para desarrollar el eNaira.

Bahamas: El Banco Central de las Bahamas (CBOB) está utilizando blockchain para desarrollar el Sand Dollar, la primera moneda digital del banco central del mundo.

En general, la blockchain es una tecnología prometedora para las CBDC. Puede contribuir a que los pagos sean más rápidos, más económicos, más seguros y transparentes. Sin embargo, los bancos centrales deben abordar los desafíos de escalabilidad y privacidad antes de lanzar las CBDC en blockchain.

Regulación y Seguridad en el Mundo de las Monedas Digitales y las CBDC.

La regulación y la seguridad en el mundo de las monedas digitales y los CBDC han avanzado significativamente en los últimos años.

Gobiernos de todo el mundo están desarrollando nuevas regulaciones para supervisar la industria de las monedas digitales. Algunas de las áreas clave en las que los reguladores se centran incluyen:

Lucha contra el lavado de dinero (AML) y la financiación del terrorismo (CFT): Los reguladores trabajan para asegurar que las casas de cambio de monedas digitales y otras empresas en la industria implementen medidas AML/CFT para prevenir el lavado de dinero y la financiación del terrorismo.

Protección al consumidor: Los reguladores también se preocupan por proteger a los consumidores de fraudes y otros riesgos asociados con las monedas digitales.

Estabilidad financiera: Los reguladores también están evaluando los riesgos para la estabilidad financiera asociados con las monedas digitales y desarrollando políticas para mitigar estos riesgos.

En los temas relacionados con la seguridad, la industria de las monedas digitales también está desarrollando sus propias medidas de seguridad para proteger a los usuarios y sus activos. Por ejemplo, muchas casas de cambio de monedas digitales ahora utilizan billeteras de múltiples firmas y almacenamiento en frío para proteger los fondos de los usuarios.

Los bancos centrales de todo el mundo también están explorando y desarrollando monedas digitales de bancos centrales (CBDC). Las CBDC son versiones digitales del dinero de los bancos centrales que se pueden utilizar para hacer pagos y almacenar valor. Las CBDC todavía se encuentran en sus primeras etapas de desarrollo, pero tienen el potencial de revolucionar el sistema financiero global.

Algunos de las CBDC mas significativas que están siendo desarrolladas son:

El yuan digital de China (e-CNY): El e-CNY es el CBDC más avanzado del mundo. Ya se está probando en varias ciudades de China y se espera que se lance a nivel nacional en un futuro cercano.

El Digital Dollar de Estados Unidos: El Banco de la Reserva Federal de Nueva York está trabajando actualmente en un proyecto piloto para un dólar digital.

El Banco Central Europeo (BCE) está llevando a cabo actualmente una investigación de dos años sobre la viabilidad de un euro digital. Se espera que la investigación se complete en 2023. Además del BCE, varios gobiernos europeos también están interesados en explorar la posibilidad de un euro digital. Por ejemplo, el gobierno francés ha declarado que está trabajando con el BCE para desarrollar un euro digital.

Principales proyectos promovidos en el mundo

Existen varios proyectos de monedas digitales que se promueven en todo el mundo. Algunos de los proyectos más destacados incluyen:

Bitcoin: Bitcoin es la primera y más conocida moneda digital. Es una moneda digital descentralizada que no está sujeta a ningún gobierno o institución financiera.

Ethereum: Ethereum es una plataforma descentralizada que ejecuta contratos inteligentes. Los contratos inteligentes son acuerdos autoejecutables que se pueden utilizar para automatizar transacciones y acuerdos.

Solana: Solana es una plataforma blockchain de alto rendimiento diseñada para escalar a millones de transacciones por segundo.

Cardano: Cardano es una plataforma blockchain de tercera generación diseñada para ser más escalable y segura que las plataformas blockchain anteriores.

El FMI y las monedas digitales y las CBDC.

El Fondo Monetario Internacional (FMI) tiene una visión generalmente positiva de las monedas digitales y las CBDC. El FMI ha afirmado que las CBDC tienen el potencial de revolucionar el sistema financiero y hacerlo más eficiente, inclusivo y resistente. Sin embargo, el FMI también ha advertido sobre los riesgos asociados con las monedas digitales, como el fraude, el lavado de dinero y la financiación del terrorismo.

El FMI ha instado a los gobiernos a desarrollar regulaciones claras y completas para las monedas digitales y las CBDC.

También ha instado a la industria de las monedas digitales a desarrollar sus propias iniciativas de autorregulación.

Conclusión

La regulación y la seguridad en el mundo de las monedas digitales y las CBDC han avanzado significativamente en los últimos años. Gobiernos, la comunidad monetaria internacional y la industria de las monedas digitales están trabajando juntos para desarrollar políticas y marcos para supervisar y proteger el mercado de las monedas digitales.

Es importante tener en cuenta que la industria de las monedas digitales todavía se encuentra en sus primeras etapas de desarrollo. Como resultado, el panorama regulatorio está en constante evolución. Es importante mantenerse informado sobre los últimos desarrollos en regulación y seguridad al utilizar monedas digitales

Seguridad Cibernética y Privacidad en la Era de las CBDC.

Los bancos centrales están trabajando en la ciberseguridad y la privacidad en la era de los CBDC de varias formas.

Los bancos centrales están tomando una serie de medidas para garantizar la ciberseguridad de sus CBDC. Estas medidas incluyen:

Uso de la tecnología blockchain: Blockchain es una tecnología de registro distribuido que es muy segura y a prueba de manipulaciones. Muchos bancos centrales están utilizando blockchain para desarrollar sus CBDC.

Implementación de medidas de seguridad sólidas: Los bancos centrales están implementando medidas de seguridad sólidas para proteger sus sistemas de CBDC de los ciberataques. Estas medidas incluyen el uso de billeteras de múltiples firmas, almacenamiento en frío y cifrado.

Colaboración con expertos en ciberseguridad: Los bancos centrales están trabajando con expertos en ciberseguridad para identificar y mitigar los riesgos de ciberseguridad.

Los bancos centrales también están tomando medidas para proteger la privacidad de los usuarios de CBDC. Estas medidas incluyen:

Uso de pruebas de conocimiento cero: Las pruebas de conocimiento cero son técnicas criptográficas que permiten a los usuarios demostrar que saben algo sin revelar lo que saben. Los bancos centrales están explorando el uso de pruebas de conocimiento cero para proteger la privacidad de los usuarios de CBDC.

Diseño de CBDC con la privacidad en mente: Los bancos centrales están diseñando sus CBDC teniendo en cuenta la privacidad. Por ejemplo, algunos bancos centrales están considerando desarrollar CBDC que no requieran que los usuarios proporcionen su identidad para utilizarlos.

El Fondo Monetario Internacional (FMI) ha publicado una serie de recomendaciones sobre cómo los bancos centrales pueden garantizar la ciberseguridad y la privacidad de las CBDC. Estas recomendaciones incluyen:

Realizar evaluaciones exhaustivas de riesgos: Los bancos centrales deben realizar evaluaciones exhaustivas de riesgos para identificar y mitigar los riesgos de ciberseguridad y privacidad.

Implementar medidas de seguridad sólidas: Los bancos

centrales deben implementar medidas de seguridad sólidas para proteger sus sistemas de CBDC y los datos de los usuarios.

Colaborar con las partes interesadas: Los bancos centrales deben colaborar con las partes interesadas, como expertos en ciberseguridad y defensores de la privacidad, para desarrollar e implementar las CBDC de manera segura y respetuosa con la privacidad.

El FMI también ha recomendado que los bancos centrales adopten un enfoque basado en el riesgo para la regulación de las CBDC. Esto significa que los bancos centrales deben centrar sus esfuerzos regulatorios en las áreas de mayor riesgo.

En general, los bancos centrales están tomando muy en serio la ciberseguridad y la privacidad en la era de las CBDC. Están trabajando para desarrollar sus CBDC de manera que protejan a los usuarios de los ciberataques y respeten su privacidad.

Impacto en la Política Monetaria Y Fiscal de las CBDCs.

Las CBDC podrían tener un impacto significativo en la política monetaria y fiscal.

Política monetaria

Las CBDC podrían dar a los bancos centrales un mayor control sobre la oferta de dinero y permitirles implementar políticas monetarias de manera más efectiva. Por ejemplo, los bancos centrales podrían usar las CBDC para implementar tasas de interés negativas o para dirigirse a sectores específicos de la economía con medidas de política monetaria.

Sin embargo, las CBDC también podrían plantear desafíos para la política monetaria. Por ejemplo, si las CBDC se vuelven ampliamente utilizadas, podría dificultar a los bancos centrales controlar la inflación. Además, las CBDC podrían facilitar que las personas trasladen su dinero fuera de un país, lo que podría ejercer presión a la baja sobre la tasa de cambio.

Política fiscal

Las CBDC también podrían tener un impacto en la política fiscal. Por ejemplo, los gobiernos podrían usar las CBDC para distribuir pagos de estímulo a los ciudadanos o para subsidiar ciertos bienes y servicios.

Sin embargo, las CBDC también podrían plantear desafíos para la política fiscal. Por ejemplo, si las CBDC facilitan que las personas eviten impuestos, podría reducir los ingresos del gobierno. Además, las CBDC podrían facilitar que los gobiernos incurran en gastos deficitarios, lo que podría llevar a una mayor inflación.

Recomendaciones del Foro Monetario Internacional

El Fondo Monetario Internacional (FMI) ha realizado una serie de recomendaciones sobre cómo los bancos centrales pueden gestionar el impacto de las CBDC en la política monetaria y fiscal. Estas recomendaciones incluyen:

Diseñar las CBDC teniendo en cuenta la política monetaria y fiscal: Los bancos centrales deben diseñar sus CBDC de manera que tengan en cuenta el impacto potencial en la política monetaria y fiscal.

Comunicarse con el público: Los bancos centrales deben comunicar claramente al público sobre el impacto potencial de las CBDC en la política monetaria y fiscal.

Trabajar con los gobiernos: Los bancos centrales deben

colaborar con los gobiernos para garantizar que las CBDC se utilicen de manera consistente con los objetivos de la política monetaria y fiscal.

En resumen, el impacto de las CBDC en la política monetaria y fiscal todavía es incierto. Sin embargo, está claro que los bancos centrales y los gobiernos deben considerar cuidadosamente el impacto potencial de las CBDC antes de lanzarlas.

También se están haciendo recomendaciones adicionales en el foro monetario internacional:

Los bancos centrales deberían desarrollar las CBDC de manera coordinada. Esto ayudará a garantizar que las CBDC sean interoperables y que no representen un riesgo para la estabilidad financiera.

Los bancos centrales deberían desarrollar CBDC que sean transparentes y responsables. Esto ayudará a construir la confianza pública en las CBDC.

Los bancos centrales deberían asegurarse de que las CBDC estén al alcance de todos, incluidas las personas de bajos ingresos y sin acceso a servicios bancarios. Esto ayudará a promover la inclusión financiera.

El FMI también está trabajando en el desarrollo de un conjunto de normas internacionales para las CBDC. Estas normas ayudarán a garantizar que las CBDC se desarrollen e implementen de manera responsable y sostenible.

Perspectivas Globales: Comparando las Estrategias de Diferentes Bancos Centrales.

Los bancos centrales de todo el mundo están explorando diferentes estrategias para desarrollar e implementar las monedas digitales de los bancos centrales (CBDC). Algunas de las estrategias clave que los bancos centrales están considerando incluyen:

CBDCs minoristas: Los CBDC minoristas están diseñados para ser utilizados por consumidores y empresas en pagos cotidianos.

CBDCs mayoristas: Los CBDCs mayoristas están diseñados para ser utilizados por instituciones financieras en liquidaciones interbancarias.

CBDCs híbridos: Los CBDC híbridos combinan las

características de los CBDC minoristas y mayoristas.

Los bancos centrales también están considerando diferentes enfoques en el diseño de las CBDC. Por ejemplo, algunos bancos centrales están considerando desarrollar CBDC basadas en la tecnología blockchain. Otros están considerando desarrollar CBDC basadas en sistemas de pago existentes.

La competencia entre los bancos centrales y los bancos privados en el espacio de las monedas digitales todavía se encuentra en sus primeras etapas. Sin embargo, es probable que los bancos centrales enfrenten una competencia creciente de los bancos privados en los próximos años.

Los bancos privados ya están desarrollando sus propias soluciones de monedas digitales. Por ejemplo, JPMorgan Chase ha desarrollado su propia moneda digital, el JPM Coin, que se utiliza para liquidaciones interbancarias. Otros bancos privados están desarrollando billeteras digitales y otros servicios financieros digitales.

Los bancos centrales deberán considerar cuidadosamente cómo competir con los bancos privados en el espacio de las monedas digitales. Los bancos centrales tienen varias ventajas sobre los bancos privados, como su capacidad para emitir moneda de curso legal y su acceso a reservas de bancos centrales. Sin embargo, los bancos privados tienen varias ventajas sobre los bancos centrales, como su experiencia en el desarrollo y prestación de productos y servicios financieros a consumidores y empresas.

Es demasiado pronto para decir cómo se desarrollará la competencia entre los bancos centrales y los bancos privados en el espacio de las monedas digitales. Sin embargo, está claro que los bancos centrales deberán ser innovadores y adaptables para seguir siendo relevantes en la era digital.

Aquí tienes algunos ejemplos específicos de estrategias que están siguiendo diferentes bancos centrales en relación a las CBDC:

China: El Banco Popular de China (PBOC) está desarrollando un CBDC minorista, el yuan digital (e-CNY), que ya se está probando en varias ciudades de China.

Suecia: El Riksbank está desarrollando un CBDC minorista, el e-krona, que se espera que se lance en 2023.

Estados Unidos: El Banco de la Reserva Federal de Nueva York está trabajando en un proyecto piloto para un dólar digital.

Banco de Inglaterra: El Banco de Inglaterra está trabajando con el Tesoro del Reino Unido en un documento de consulta sobre una posible libra digital.

La competencia entre los bancos centrales y los bancos privados en el espacio de las monedas digitales se centrará en las siguientes áreas:

Innovación: Los bancos centrales y los bancos privados competirán para desarrollar productos y servicios de monedas digitales nuevos e innovadores.

Adopción: Los bancos centrales y los bancos privados competirán para atraer usuarios a sus plataformas de monedas digitales.

Regulación: Los bancos centrales deberán desarrollar regulaciones claras y completas para las CBDC. Los bancos privados deberán cumplir con estas regulaciones.

Es importante destacar que el panorama de las monedas digitales todavía se encuentra en sus primeras etapas de desarrollo. Es probable que las estrategias y el panorama competitivo evolucionen significativamente en los próximos años.

Sin embargo, existen algunos avances en la adopción de las Monedas Digitales CBDCs

Para que las CBDCs tengan éxito, es necesario que sean ampliamente adoptadas por el público. Esto requerirá que los bancos centrales eduquen al público sobre los beneficios de las CBDCs y las hagan fáciles de usar.

Los bancos centrales pueden educar al público sobre las CBDCs a través de campañas de concienciación pública, materiales educativos y programas escolares. También pueden colaborar con los medios de comunicación para promover las CBDCs y abordar cualquier preocupación que pueda tener la gente.

Otra manera es facilitar el uso de las CBDCs desarrollando billeteras y aplicaciones fáciles de usar. También pueden poner a disposición las CBDCs a través de una variedad de canales, como bancos, proveedores de dinero móvil y tiendas minoristas.

Adicional a lo anterior los bancos centrales pueden colaborar con otras organizaciones, como instituciones financieras, empresas fintech y organizaciones sin fines de lucro, para promover y distribuir las CBDCs, ofreciendo incentivos, como descuentos o subsidios, para animar a las personas a usar las CBDCs.

Principales casos de adopción y rechazo de las CBDCs en el mundo

Aquí tienes algunos de los principales casos de adopción y rechazo de las CBDCs en el mundo:

China: China es el país más avanzado en cuanto al desarrollo de las CBDCs. El yuan digital (e-CNY) ya se está probando en varias ciudades de China y ha logrado aumentar la adopción de su CBDC, el yuan digital (e-CNY), a través de una combinación de factores, que incluyen:

Comienzo temprano: China comenzó a desarrollar el e-CNY en 2014, lo que la convirtió en uno de los primeros países en explorar las CBDC. Esto le dio a China una ventaja inicial en el desarrollo y la mejora de su tecnología e infraestructura de CBDC.

Programas piloto: China ha estado realizando programas piloto para el e-CNY en varias ciudades desde 2019. Estos programas piloto han ayudado a probar el e-CNY en entornos del mundo real y a construir conciencia y confianza públicas.

Apoyo gubernamental: El gobierno chino ha respaldado firmemente el e-CNY, emitiendo una serie de políticas y regulaciones para promover su adopción. Por ejemplo, el gobierno ha alentado a los comerciantes a aceptar el e-CNY y ha ofrecido subsidios a los usuarios.

Integración con sistemas de pago existentes: El e-CNY está integrado con sistemas de pago existentes, como Alipay y WeChat Pay. Esto facilita que las personas usen el e-CNY sin tener que cambiar a un nuevo sistema de pago.

Billeteras y aplicaciones fáciles de usar: El gobierno

chino ha desarrollado billeteras y aplicaciones fáciles de usar para el e-CNY. Estas billeteras y aplicaciones facilitan que las personas descarguen, instalen y usen el e-CNY.

Además de estos factores, China también ha implementado una serie de incentivos para alentar a las personas a usar el e-CNY. Estos incentivos incluyen:

Descuentos y subsidios: El gobierno chino ha ofrecido descuentos y subsidios a comerciantes y consumidores que usan el e-CNY. Por ejemplo, el gobierno ha ofrecido descuentos en el transporte público y en bienes y servicios comprados a comerciantes que aceptan el e-CNY.

Loterías y obsequios: El gobierno chino ha realizado loterías y obsequios para las personas que usan el e-CNY. Por ejemplo, el gobierno ha regalado premios como dinero en efectivo y teléfonos inteligentes a las personas que descargan la billetera e-CNY y realizan transacciones.

Promociones dirigidas: El gobierno chino también ha lanzado promociones dirigidas para alentar a las personas a usar el e-CNY en ciertos sectores de la economía. Por ejemplo, el gobierno ha lanzado promociones para alentar a las personas a usar el e-CNY para pagar facturas médicas y gastos educativos.

Como resultado de estos esfuerzos, el e-CNY se ha vuelto cada vez más popular en China. En 2022, se utilizaron más de 80 mil millones de yuanes (aproximadamente $12 mil millones) en transacciones con el e-CNY. El gobierno chino se ha fijado el objetivo de aumentar el uso del e-CNY a 10 billones de yuanes (aproximadamente $1.5 billones) al año para 2025.

Es importante tener en cuenta que el enfoque de China

para promover el e-CNY ha sido criticado por ser demasiado agresivo. Sin embargo, es probable que el éxito de China en aumentar la adopción del e-CNY sea estudiado por otros bancos centrales que están desarrollando sus propias CBDCs

Nigeria: Nigeria lanzó el eNaira, la primera CBDC en África, en octubre de 2021, y desde entonces han realizado las siguientes estrategias:

Concienciación pública y educación: El Banco Central de Nigeria (CBN) ha lanzado varias campañas de concienciación pública y educación para promover el eNaira. Estas campañas se han llevado a cabo a través de los medios de comunicación tradicionales y las redes sociales, así como a través de asociaciones con empresas y organizaciones comunitarias.

Asociaciones con instituciones financieras y empresas fintech: El CBN se ha asociado con varias instituciones financieras y empresas fintech para poner el eNaira a disposición de los usuarios. Estas asociaciones han ayudado a ampliar el alcance del eNaira y a facilitar su uso.

Incentivos: El CBN ha ofrecido varios incentivos para animar a las personas a usar el eNaira. Estos incentivos han incluido descuentos en bienes y servicios, recompensas en efectivo y premios de lotería.

Integración con sistemas de pago existentes: El eNaira está integrado con sistemas de pago existentes, como terminales de punto de venta y billeteras de dinero móvil. Esto facilita que las personas utilicen el eNaira sin tener que cambiar a un nuevo sistema de pago.

Apoyo del gobierno: El gobierno nigeriano ha

respaldado el eNaira emitiendo una serie de políticas y regulaciones para promover su adopción. Por ejemplo, el gobierno ha requerido que todas las agencias gubernamentales acepten el eNaira y ha alentado a las empresas a hacer lo mismo.

Además de estas estrategias, el CBN también ha estado trabajando para mejorar la usabilidad de la billetera del eNaira y para ampliar la red de comerciantes que aceptan el eNaira.

Como resultado de estos esfuerzos, la adopción del eNaira ha estado aumentando. En marzo de 2023, el CBN informó que había más de 800,000 billeteras de eNaira y que más de 400,000 comerciantes estaban aceptando el eNaira.

Sin embargo, todavía existen varios desafíos que deben abordarse antes de que el eNaira pueda ser ampliamente adoptado. Muchos nigerianos todavía no están al tanto del eNaira o no confían en él.

La aceptación limitada sigue siendo un problema ya que no todos los comerciantes aceptan el eNaira.

Otro de los mayores problemas son la conectividad de red, ya que algunos nigerianos no tienen un acceso fiable a internet o a servicios de dinero móvil.

El CBN está trabajando para abordar estos desafíos. El CBN continúa invirtiendo en campañas de concienciación pública y educación. El CBN también está colaborando con comerciantes e instituciones financieras para ampliar la red de comerciantes que aceptan el eNaira y mejorar el acceso al eNaira.

En general, Nigeria ha logrado un progreso significativo en aumentar la adopción del eNaira. Sin embargo, todavía existen varios desafíos que deben abordarse antes de que el eNaira pueda ser ampliamente adoptado.

Las Bahamas: Las Bahamas lanzaron el Sand Dollar, la primera CBDC en el Caribe, en octubre de 2020. Y desde entonces a utilizados diversas estrategias para su adopción como las anteriormente vistas en China y Nigeriano sin embargo las Bahamas es un país relativamente pequeño y con un alto nivel de conocimiento tecnológico, lo que facilita la implementación y adopción de nuevas tecnologías.

Las Bahamas tienen una gran población no bancarizada, a la cual el Sand Dollar puede ayudar a acceder a servicios financieros.

El gobierno bahameño ha brindado un fuerte respaldo al Sand Dollar, lo que ha ayudado a aumentar la confianza pública en el CBDC.

El Sand Dollar es un CBDC relativamente nuevo, pero tiene el potencial de convertirse en un modelo para otros países en el Caribe y en todo el mundo.

Casos de rechazo de las CBDCs de los bancos centrales:

India: El Banco de la Reserva de la India (RBI) ha declarado que no está a favor de una CBDC minorista. El RBI tiene preocupaciones sobre el impacto de una CBDC minorista en el sistema financiero y en la estabilidad de la rupia.

Estados Unidos: El Banco de la Reserva Federal de Nueva York todavía está trabajando en el diseño de su proyecto piloto de dólar digital. Sin embargo, la Fed ha declarado que no está a favor de una CBDC minorista en este momento.

Es importante destacar que las CBDCs todavía están en sus primeras etapas de desarrollo. Es demasiado pronto para decir cuán ampliamente serán adoptadas en el futuro. Sin embargo, los bancos centrales de todo el mundo se comprometen a desarrollar CBDCs que sean accesibles y fáciles de usar.

Una sociedad de moneda digital de CBDCs es una sociedad en la que las CBDCs se utilizan ampliamente para pagos cotidianos y transacciones financieras.

Los bancos centrales y los gobiernos de todo el mundo están trabajando para abordar estos desafíos y construir una sociedad de moneda digital de CBDCs. Sin embargo, es importante tener en cuenta que este es un proceso a largo plazo y que llevará tiempo para que las CBDCs sean ampliamente adoptadas.

El informe identifica cuatro factores principales que están influyendo en las estrategias de los bancos centrales en relación con las CBDC:

Las perspectivas económicas: Los bancos centrales de los países con economías en crecimiento están más interesados en las CBDC como una forma de estimular el crecimiento económico.

El riesgo de disrupción financiera: Los bancos centrales de los países con sistemas financieros maduros están más preocupados por el riesgo de disrupción financiera que podría generarse por las CBDC.

La regulación: Los bancos centrales están trabajando para desarrollar marcos regulatorios para las CBDC antes de su implementación a gran escala.

La aceptación del público: Los bancos centrales están

realizando encuestas para evaluar la aceptación del público de las CBDC.

El informe concluye que las CBDC tienen el potencial de tener un impacto significativo en el sistema financiero mundial. Sin embargo, es importante que los bancos centrales aborden los retos que plantean las CBDC antes de su implementación a gran escala.

El Fondo Monetario Internacional (FMI) apoya el desarrollo de las CBDC, pero cree que es importante hacerlo de manera responsable y coordinada. El FMI señala que las CBDC tienen el potencial de mejorar la eficiencia del sistema financiero, aumentar la inclusión financiera y reducir el riesgo de disrupción financiera. Sin embargo, el FMI también advierte que las CBDC podrían tener un impacto negativo en los bancos comerciales y los sistemas de pago existentes.

En cuanto al papel que podrían jugar BlackRock, JPMorgan y otros grandes gestores de activos, el FMI cree que podrían desempeñar un papel importante en el desarrollo y la implementación de las CBDC. Estos gestores tienen experiencia en la gestión de grandes volúmenes de activos y podrían ayudar a los bancos centrales a diseñar y lanzar CBDC seguras y eficientes.

El Papel de la Privacidad y la Anonimidad en las CBDCs.

La privacidad y el anonimato desempeñarán un papel clave en el desarrollo e implementación de las monedas digitales de los bancos centrales (CBDC, por sus siglas en inglés). Los bancos centrales deberán encontrar un equilibrio entre proteger la privacidad de los usuarios y prevenir actividades ilegales.

Por un lado, los bancos centrales deberán proteger la privacidad de los usuarios. Esto es importante para generar confianza pública en las CBDC y fomentar su uso. Los bancos centrales pueden proteger la privacidad de los usuarios mediante el uso de técnicas criptográficas, como las pruebas de conocimiento nulo, que permiten a los usuarios realizar transacciones sin revelar su identidad.

Por otro lado, los bancos centrales también deberán prevenir actividades ilegales, como el lavado de dinero y la financiación del terrorismo. Esto es importante para proteger el sistema financiero y garantizar que las CBDC se utilicen con fines legítimos. Los bancos centrales pueden prevenir actividades ilegales recopilando y analizando datos de los usuarios.

La línea delicada entre el anonimato y la legalidad se verá afectada por el diseño específico de cada CBDC. Algunos CBDC pueden estar diseñados para ser más privados que otros. Por ejemplo, algunos CBDC pueden permitir a los usuarios realizar transacciones sin revelar su identidad, mientras que otros pueden requerir que los usuarios verifiquen su identidad antes de utilizarlos.

El marco legal que rodea a los CBDC también jugará un papel en la determinación del equilibrio entre el anonimato y la legalidad. Los gobiernos deberán desarrollar regulaciones claras y completas para los CBDC. Estas regulaciones deberán equilibrar la necesidad de proteger la privacidad de los usuarios con la necesidad de prevenir actividades ilegales.

Aquí tienes algunos ejemplos específicos de cómo los bancos centrales están abordando el tema de la privacidad y el anonimato en los CBDC:

China: El Banco Popular de China (PBOC) ha declarado que el yuan digital (e-CNY) estará diseñado para proteger la privacidad del usuario. Sin embargo, el PBOC también ha declarado que podrá rastrear el uso del e-CNY con el fin de prevenir actividades ilegales.

Suecia: El Riksbank ha declarado que el e-krona estará diseñado para proteger la privacidad del usuario. Sin embargo, el Riksbank también ha declarado que podrá rastrear el uso del e-krona con el fin de prevenir actividades ilegales.

Estados Unidos: El Banco de la Reserva Federal de Nueva York todavía está trabajando en el diseño de su proyecto piloto de dólar digital. Sin embargo, la Reserva

Federal ha declarado que está comprometida en proteger la privacidad del usuario.

Es demasiado pronto para decir cómo la línea delicada entre el anonimato y la legalidad se verá afectada por los CBDC. Sin embargo, está claro que los bancos centrales están tomando este tema en serio y están trabajando en el desarrollo de CBDC que encuentren un equilibrio entre la protección de la privacidad de los usuarios y la prevención de actividades ilegales.

Aspectos Éticos y Sociales de las Monedas Digitales Emitidas por el Estado.

Los expertos han identificado una serie de aspectos éticos y sociales de las monedas digitales emitidas por el estado (CBDCs) que afectarán a las personas en su vida diaria.

Impactos positivos:

Las CBDCs podrían hacer que los servicios financieros sean más accesibles y asequibles para las personas que actualmente no tienen acceso a servicios bancarios o tienen acceso limitado.

Las CBDCs podrían hacer que los pagos sean más rápidos y económicos, tanto a nivel nacional como internacional.

Las CBDCs podrían ayudar a reducir la pobreza y la desigualdad al proporcionar a las personas acceso a servicios financieros y facilitarles ahorrar e invertir.

Las CBDCs podrían aumentar la transparencia y la responsabilidad financiera al facilitar el seguimiento de los flujos financieros y la identificación y prevención del delito financiero.

Impactos negativos:

Las CBDCs podrían representar una amenaza para la privacidad financiera si los gobiernos pueden rastrear todas las transacciones financieras.

Los gobiernos podrían utilizar las CBDCs para controlar y manipular la economía.

Las CBDCs podrían dar lugar a un aumento de la desigualdad social si algunas personas pueden acceder y utilizarlas más fácilmente que otras.

Las CBDCs podrían utilizarse para facilitar actividades ilegales, como el lavado de dinero y el financiamiento del terrorismo.

Opiniones de los expertos:

Los expertos tienen una variedad de opiniones sobre los aspectos éticos y sociales de las CBDCs. Algunos expertos creen que las CBDCs tienen el potencial de hacer que el sistema financiero sea más inclusivo y eficiente. Otros expertos están preocupados por la posibilidad de que las CBDCs se utilicen para la vigilancia y el control social.

Aquí tienes algunos ejemplos específicos de cómo las CBDCs podrían afectar a las personas en su vida diaria:

Una persona que no tiene acceso a servicios bancarios o tiene acceso limitado podría utilizar una CBDC para recibir y enviar dinero, realizar pagos y ahorrar e invertir.

Una persona podría utilizar una CBDC para realizar pagos instantáneos y económicos a comerciantes, tanto a nivel nacional como internacional.

Un gobierno podría utilizar una CBDC para distribuir beneficios sociales a los ciudadanos o para subsidiar bienes y servicios esenciales.

Un gobierno podría utilizar una CBDC para rastrear flujos financieros e identificar y prevenir delitos financieros.

Un gobierno podría utilizar una CBDC para implementar tasas de interés negativas o para enfocarse en sectores específicos de la economía con medidas de política monetaria.

Es importante tener en cuenta que los impactos éticos y sociales de las CBDCs dependerán de cómo se diseñen e implementen. Las CBDCs pueden diseñarse para proteger la privacidad financiera y promover la inclusión financiera.

Sin embargo, también pueden diseñarse para otorgar a los gobiernos un mayor control sobre el sistema financiero y la economía.

Es importante llevar a cabo un debate público sobre las implicaciones éticas y sociales de las CBDCs antes de su lanzamiento. Los gobiernos y los bancos centrales deben colaborar con partes interesadas, como defensores de la privacidad y expertos en inclusión financiera, para asegurarse de que las CBDCs se diseñen e implementen de manera que beneficien a todos.

Perspectivas Futuras: Hacia Dónde se Dirige la Revolución de las CBDC.

La revolución de las CBDC se dirige hacia un futuro en el que las monedas digitales emitidas por los bancos centrales se convierten en el principal medio de pago y de intercambio. Esto tendrá un profundo impacto en el sistema financiero y en el papel de los bancos privados.

Los expertos creen que las CBDC tienen el potencial de hacer que el sistema financiero sea más inclusivo y eficiente. También pueden utilizarse para promover la estabilidad financiera y reducir el riesgo de crisis financieras.

Las CBDC también podrían llevar a una disminución en el uso del dinero físico. En el futuro, las personas podrían utilizar las CBDC para todas sus transacciones diarias, desde comprar comestibles hasta pagar facturas.

Sin embargo, los expertos también advierten que las

CBDC podrían representar una amenaza para la privacidad financiera y podrían ser utilizadas por los gobiernos para controlar y manipular la economía.

El papel de los bancos privados en el futuro del dinero es incierto. Sin embargo, es probable que los bancos privados sigan desempeñando un papel en la prestación de servicios financieros a consumidores y empresas.

Aquí hay algunas predicciones específicas sobre el futuro de las CBDC y el dinero físico:

Las CBDC se convertirán en el principal medio de pago e intercambio en la próxima década.

El uso del dinero físico disminuirá significativamente en la próxima década.

Los bancos privados seguirán desempeñando un papel en el sistema financiero, pero su papel se verá disminuido.

Los gobiernos utilizarán las CBDC para implementar la política monetaria y promover la estabilidad financiera.

Las CBDC se utilizarán para desarrollar nuevos productos y servicios financieros.

Es importante tener en cuenta que estas son solo predicciones y que el futuro real de las CBDC y el dinero físico es incierto. Sin embargo, está claro que las CBDC son una tecnología transformadora que probablemente tendrá un profundo impacto en el sistema financiero y en la forma en que vivimos y trabajamos.

Aquí hay algunas formas en que los bancos privados podrían adaptarse al auge de las CBDC:

Los bancos privados podrían ofrecer nuevos productos y servicios financieros basados en las CBDC. Por ejemplo, podrían ofrecer cuentas de ahorro, productos de inversión y productos de préstamo basados en las CBDC.

Los bancos privados podrían actuar como intermediarios entre los usuarios y las redes de CBDC. Por ejemplo, podrían ayudar a los usuarios a abrir billeteras de CBDC y a realizar pagos con CBDC.

Los bancos privados podrían desarrollar nuevas tecnologías y servicios que sean complementarios a las CBDC. Por ejemplo, podrían desarrollar nuevas soluciones de autenticación y seguridad para los usuarios de CBDC.

El futuro de los bancos privados en el mundo de las CBDC dependerá de su capacidad para adaptarse al nuevo panorama y ofrecer valor a sus clientes.

En conclusión los bancos comerciales se irán reinventando y algunos van a desaparecer o se transformaran para realizar otro rol en la economía actual, así como cambiaran significativamente la variedad de servicios que nos ofrecerán y a los que sus clientes tendrán acceso de los contrario desaparecerán con el tiempo.

Conclusiones y Reflexiones Finales: El Futuro de las CBDC y la Economía Global.

Las monedas digitales emitidas por los bancos centrales (CBDCs) son una tecnología nueva y en rápido desarrollo con el potencial de tener un profundo impacto en la economía global. Las CBDCs son monedas digitales emitidas por los bancos centrales y tienen el potencial de revolucionar la forma en que se utiliza y se intercambia el dinero.

Existen varios beneficios potenciales en las CBDCs. Por ejemplo, podrían hacer que los pagos sean más rápidos y económicos, mejorar la inclusión financiera y aumentar la resistencia a los choques financieros. Sin embargo, también existen riesgos potenciales asociados a las CBDCs, como la amenaza a la privacidad financiera y la posibilidad de que las CBDCs sean utilizadas para la vigilancia y el control social.

El Impacto de las CBDCs en la Economía Global.

Las CBDCs podrían tener un impacto significativo en la economía global de diversas maneras.

Política monetaria: Los bancos centrales podrían utilizar las CBDCs para implementar políticas monetarias de manera más efectiva. Por ejemplo, podrían usar las CBDCs para aplicar tasas de interés negativas o para dirigirse a sectores específicos de la economía con medidas de política monetaria.

Inclusión financiera: Las CBDCs podrían mejorar la inclusión financiera al proporcionar acceso a servicios financieros a personas que actualmente no tienen acceso o tienen acceso limitado a la banca. Las CBDCs también podrían utilizarse para distribuir beneficios sociales a los ciudadanos o para subvencionar bienes y servicios esenciales.

Estabilidad financiera: Las CBDCs podrían aumentar la resistencia a los choques financieros al hacer que el sistema financiero sea más eficiente y menos dependiente de los bancos privados. Las CBDCs también podrían utilizarse para reducir el riesgo de crisis financieras al facilitar que los bancos centrales supervisen y gestionen los mercados financieros.

El Papel de los Bancos Privados en un Mundo con CBDCs

El papel de los bancos privados en un mundo con CBDCs es incierto. Sin embargo, es probable que los bancos privados continúen desempeñando un papel en la prestación de servicios financieros a consumidores y empresas.

Una posibilidad es que los bancos privados se conviertan en intermediarios entre los usuarios y las redes de CBDCs. Por ejemplo, los bancos privados podrían ayudar a los usuarios a abrir billeteras de CBDC y realizar pagos con CBDC. Los bancos privados también podrían ofrecer nuevos productos y servicios financieros basados en las CBDCs, como cuentas de ahorro, productos de inversión y productos de préstamo basados en las CBDCs.

Otra posibilidad es que los bancos privados desarrollen nuevas tecnologías y servicios que sean complementarios a las CBDCs. Por ejemplo, los bancos privados podrían desarrollar nuevas soluciones de autenticación y seguridad para los usuarios de CBDC.

Como experto en macroeconomía, me preocupa el potencial de consecuencias negativas de las CBDCs.

Una preocupación es que las CBDCs podrían otorgar a los bancos centrales un control excesivo sobre la economía. Los bancos centrales podrían utilizar las CBDCs para rastrear y supervisar todas las transacciones financieras. También podrían utilizar las CBDCs para implementar políticas que podrían tener un impacto negativo en el crecimiento económico.

Otra preocupación es que las CBDCs podrían utilizarse para promover la inestabilidad financiera. Si los bancos centrales utilizan las CBDCs para aplicar tasas de interés negativas o para dirigirse a sectores específicos de la economía con medidas de política monetaria, esto podría dar lugar a burbujas de activos y crisis financieras.

Finalmente, me preocupa el potencial que las CBDCs se utilicen para la vigilancia y el control social. Si los bancos centrales pueden rastrear todas las transacciones financieras, esto podría utilizarse para supervisar y controlar el comportamiento de los ciudadanos.

Conclusión:

En general, creo que las CBDCs tienen el potencial de tener un impacto significativo en la economía global. Sin embargo, me preocupa el potencial de consecuencias negativas de las CBDCs. Los bancos centrales y los gobiernos deben considerar cuidadosamente los riesgos y beneficios potenciales de las CBDCs antes de lanzarlas.

BIOGRAFIA

En este libro el Autor de obras como "Web 3.0 y la AI; "Blockchain Transforma las Empresas del futuro" y "La revolución de Bitcoin: comprender la tecnología que hay detrás de las criptomonedas ". Reconocido por su capacidad para desmenuzar conceptos complejos y hacerlos accesibles a todos. A través de su trabajo, no solo comparte sus amplios puntos de vista, sino que nos brinda un panorama más completo de expertos en un cambio que podrá cambiarnos a todos la manera de ver el dinero y la gran trasformación que este tendrá en nuestras vidas.

BIBLIOGRAFIA

"Monedas Digitales del Banco Central: Oportunidades y Riesgos" (Banco Mundial, 2022)

"Monedas Digitales del Banco Central: Implicaciones para la Estabilidad Financiera" (Junta de Estabilidad Financiera, 2022)

"Monedas Digitales del Banco Central: Una Perspectiva de Política" (Fondo Monetario Internacional, 2021)

"Implicaciones del Control Monetario de las Monedas Digitales del Banco Central" (Documento de Trabajo del FMI, 2023)

"CBDCs y el Futuro de la Política Monetaria" (Finanzas y Desarrollo, FMI, 2022).

También se consultar una serie de artículos y publicaciones de blog de destacados analistas económicos, incluyendo a Joseph Stiglitz, Kenneth Rogoff, Carmen Reinhart y Barry Eichengreen.

The Monetary Control Implications of Central Bank Digital Currencies (IMF Working Paper, 2023)

CBDCs and the Future of Monetary Policy (Finance and Development, IMF, 2022)

CBDCs and Financial Stability: A Review of the Literature (BIS Working Paper, 2022)

CBDCs and the Future of Financial Inclusion" (World Bank, 2023)

"Central Banks and Digital Currency: The Evolution of Monetary Policy" (IMF Working Paper, 2023)